La marque « Milka » est née en 1901. Elle est la contraction des mots allemands Milch und Kakao. En effet, c'est le cacao associé au Lait du Pays Alpin et son savoir faire unique qui donnent au chocolat au Lait Milka toute sa tendresse.

Depuis qu'elle existe, la tablette Milka se fait remarquer par la couleur mauve de son emballage et par la présence d'une vache sur fond de paysage alpin.

Cette vache mauve Milka symbolise la qualité en même temps que la sympathie, la tendresse, la jovialité et la patience.

En 2012, Milka nous invite à être plus tendre avec tous ceux qui nous entourent !
Alors qu'il est si facile de se replier sur soi et de voir la vie en gris, la célèbre vache mauve nous encourage à faire preuve d'audace pour oser la tendresse et voir la vie avec plus de couleurs.

Milka, osez la tendresse.

Le petit livre

MILKA®

CLAIRE GUIGNOT
Photographies de Richard Boutin

MARABOUT

REMERCIEMENTS DE L'AUTEUR

Un grand merci à Richard, Sabine et Denis pour une réjouissante semaine
de prises de vues.
Un autre grand merci à Géraldine Barral, Marie-Eve Lebreton et à toutes les équipes de
Marabout pour leur confiance.

Avec la collaboration de MILKA®.

Shopping & stylisme : Sabine Revaud
Suivi éditorial : Marie-Eve Lebreton
Relecture : Véronique Dussidour
Mise en pages : Gérard Lamarche

© Hachette Livre (Marabout) 2012
ISBN : 978-2-501-07607-4
41 0353 7/06
Achevé d'imprimer en novembre 2012
sur les presses d'Impresia-Cayfosa en Espagne
Dépôt légal : janvier 2012

SOMMAIRE

KIT BASIQUES

PÂTE À TARTINER MILKA®
200 g de chocolat au lait MILKA®,
80 g de beurre doux, 200 g de lait concentré
non sucré, 1 pincée de sel

Faire fondre le chocolat et le beurre
au bain-marie. Hors du feu, ajouter le lait
concentré, le sel et mélanger. Lorsque
le mélange est homogène, verser
dans un pot et conserver au frais.

GANACHE MILKA®
200 g de chocolat au lait MILKA®,
100 g de crème fleurette entière

Hacher le chocolat. Dans une casserole,
faire chauffer la crème fleurette jusqu'à
ébullition. La verser doucement sur le
chocolat haché, tout en fouettant, jusqu'à
ce que tout le chocolat soit fondu et que
la consistance soit homogène.

GLAÇAGE MILKA®
200 g de chocolat au lait MILKA®,
3 cuillerées à soupe de lait

Dans une casserole, faire fondre le chocolat
à feu doux. Ajouter le lait et mélanger
énergiquement jusqu'à ce que le mélange
soit fluide et homogène. Napper un gâteau
du glaçage et lisser à l'aide d'une spatule.
Réserver 30 minutes minimum
au réfrigérateur.

KIT BOISSONS

POUR 4 PERSONNES

MILKA® CHAUD ÉPICÉ AU GINGEMBRE
1 l de lait entier, entre 50 et 100 g de chocolat au lait MILKA® selon les goûts, 1 cm de gingembre frais, râpé

Dans une casserole, faire chauffer à feu doux le lait puis ajouter le chocolat, carré par carré, tout en fouettant. Ajouter le gingembre râpé dans le chocolat chaud avant de servir.

MILKA® FROID À BOIRE
1 l de lait entier, entre 100 et 150 g de chocolat au lait MILKA®

Dans une casserole, faire chauffer 15 cl d'eau et le lait. Hacher le chocolat MILKA® puis verser dessus le lait bouillant tout en fouettant. Laisser refroidir et réserver au réfrigérateur avant de servir.

MILK-SHAKE MILKA®
50 cl de lait entier, ½ l de glace vanille, 50 g de chocolat au lait MILKA®

Faire fondre le chocolat MILKA® au bain-marie puis le laisser tiédir à température ambiante. Le mixer avec le lait et la glace au moment de servir.

MILKA® & LAIT DE SOJA
1 l de lait de soja bio, entre 50 et 100 g de chocolat au lait MILKA® selon les goûts

Dans une casserole, faire chauffer à feu doux le lait de soja. Ajouter le chocolat, carré par carré, tout en fouettant. Le lait de soja apporte un petit goût torréfié très agréable à cette boisson.

KIT FONDUES

POUR 4 PERSONNES

FONDUE MILKA®
300 g de chocolat au lait MILKA®, fruits frais (framboises, poires, raisins, figues…), fruits secs (bananes, pruneaux, ananas…), gourmandises (caramels mous, guimauves, rochers noix de coco…)

Faire fondre le chocolat au bain-marie puis le verser dans un plat en fonte, trempé auparavant quelques minutes dans de l'eau très chaude. Couper les différents fruits et confiseries en petits morceaux. Servir avec des pics en bambou.

FONDUE MILKA® DAIM
300 g de MILKA® aux éclats de caramel Daim, quelques bonbons Daim®, fruits variés et confiseries

Faire fondre le chocolat au bain-marie. Au moment de servir avec les fruits et confiseries puis concasser quelques bonbons Daim® sur le dessus.

FONDUE MILKA® & VANILLE
300 g de chocolat au lait MILKA®, 1 gousse de vanille, fruits variés et confiseries

Couper la gousse de vanille en deux dans la longueur. Faire fondre le chocolat au bain-marie avec les graines grattées de la gousse de vanille. Servir chaud, accompagné de fruits et de confiseries.

FONDUE MILKA® NOISETTES
300 g de chocolat au lait MILKA® noisettes, fruits variés et confiseries

Hacher le chocolat jusqu'à ce que les noisettes aient la taille souhaitée. Le faire fondre au bain-marie. Servir chaud, accompagné de fruits et de confiseries.

MILLE-FEUILLE GLACÉ MILKA®

10 MIN DE PRÉPARATION – 3 H DE REPOS

1 - Sortir les glaces 15 minutes avant de les utiliser afin qu'elles soient un peu souples.

2 - Sur le plan de travail, placer 2 grandes feuilles de papier d'aluminium en forme de croix, l'une par-dessus l'autre.

3 - Placer 2 tablettes de chocolat MILKA® au centre de la croix. À l'aide d'une petite spatule, étaler la glace à la vanille sur la première tablette. Immédiatement après, recouvrir la seconde tablette de glace au caramel.

4 - Lisser la glace le plus régulièrement possible, puis empiler les 2 tablettes glacées l'une sur l'autre. Recouvrir avec la dernière tablette.

5 - Replier soigneusement le papier d'aluminium de manière à maintenir le mille-feuille en place puis réserver au congélateur 3 heures minimum avant de servir.

POUR 4 PERSONNES

3 tablettes de chocolat au lait MILKA®

½ l de glace à la vanille

½ l de glace au caramel au beurre salé

GLACE ROCKY ROAD MILKA®

15 MIN DE PRÉPARATION

POUR ½ L DE GLACE

10 cl de crème fleurette entière

30 cl de lait entier

200 g de chocolat au lait MILKA®

4 jaunes d'œufs

50 g d'amandes torréfiées

4 cubes de guimauves

1 - Faire fondre le chocolat au lait MILKA® au bain-marie.

2 - Dans une casserole, faire bouillir le lait et la crème.

3 - Fouetter les jaunes d'œufs quelques secondes de manière à ce qu'ils forment une masse homogène. Ajouter le chocolat fondu et bien mélanger.

4 - Ajouter le lait et la crème chauds tout en fouettant. Replacer le mélange dans la casserole et faire chauffer à feu doux quelques instants jusqu'à ce qu'il nappe la cuillère. Laisser refroidir.

5 - Placer dans une sorbetière. Lorsque la glace est prise, donner encore quelques tours de sorbetière en ajoutant les amandes et les guimauves coupées en petits cubes. Placer au congélateur jusqu'à dégustation.

FRAISES MILKA®

10 MIN DE PRÉPARATION – 5 MIN DE CUISSON – 2 À 3 H DE REPOS

POUR 4 PERSONNES

500 g de fraises

100 g de chocolat au lait
MILKA®

1- Faire fondre le chocolat au lait MILKA® au bain-marie.
2- Plonger chaque fraise dans le chocolat fondu, puis
la placer délicatement sur du papier sulfurisé. Laisser
prendre 2 à 3 heures, le temps que le chocolat se fige.

MINI-BOUCHÉES GLACÉES MILKA®

15 MIN DE PRÉPARATION – 2 H DE REPOS

POUR 4 PERSONNES

50 g de chocolat au lait MILKA®

½ l de glace à la vanille

½ l de glace aux spéculoos

sucre coloré

1- Placer la glace au congélateur pour qu'elle soit bien froide.

2- À l'aide d'une cuillère parisienne, former des petites boules de glace. Les placer sur une assiette et les remettre immédiatement au congélateur pendant 1 heure.

3- Concasser le chocolat.

4- Rouler les boules une par une dans le chocolat haché. Les replacer au congélateur pendant 1 heure minimum avant de servir.

MARQUISES MILKA® & FRUITS DE LA PASSION

30 MIN DE PRÉPARATION – 5 MIN DE CUISSON – 12 H DE REPOS

POUR 6 PERSONNES

175 g de beurre doux

150 g de chocolat au lait MILKA®

1 pincée de sel

3 œufs

3 fruits de la passion

chantilly (facultatif)

1- Sortir le beurre, le couper en petits morceaux et le laisser ramollir à température ambiante.

2- Faire fondre le chocolat au lait MILKA® au bain-marie.

3- Travailler le beurre à la spatule jusqu'à obtenir une crème souple. Ajouter les jaunes d'œufs et travailler de nouveau. Ajouter le chocolat fondu et le sel.

4- Monter les blancs en neige ferme et les incorporer au mélange précédent.

5- Verser dans 4 petits moules. Faire prendre au réfrigérateur toute une nuit. Démouler les marquises et décorer avec de la chantilly. Couper les fruits de la passion en deux et servir aussitôt.

MOUSSE CROUSTILLANTE MILKA®

20 MIN DE PRÉPARATION – 5 MIN DE CUISSON – 12 H DE REPOS

POUR 6 PERSONNES

250 g de chocolat au lait MILKA®

100 g de tofu (facultatif)

4 blancs d'œufs

4 cuillerées à soupe de riz soufflé sans sucre

1- Couper le chocolat au lait MILKA® en morceaux et les faire fondre au bain-marie.
2- Fouetter vivement le tofu jusqu'à obtenir une consistance souple et homogène. L'ajouter au chocolat fondu et bien mélanger.
3- Monter les blancs en neige ferme. Mélanger vivement un quart des blancs à la préparation au chocolat puis incorporer délicatement le reste des blancs à l'aide d'une spatule souple.
4- Ajouter le riz soufflé. Réserver au réfrigérateur pour une nuit minimum.

PETITS POTS DE CRÈME FONDANTS MILKA®

15 MIN DE PRÉPARATION – 10 MIN DE CUISSON – 12 H DE REPOS

POUR 4 PERSONNES

150 g de chocolat au lait MILKA®

3 jaunes d'œufs

1 cuillerée à soupe de cassonade

15 cl de lait

20 cl de crème fleurette

1 feuille de gélatine (facultatif)

1- Hacher le chocolat au lait MILKA®.

2- Fouetter les jaunes d'œufs et le sucre jusqu'à ce que le mélange blanchisse.

3- Dans une casserole, faire chauffer la crème et le lait à feu moyen jusqu'à ébullition.

4- Verser le mélange sur les jaunes, tout en fouettant vivement pour éviter que les jaunes ne coagulent.

5- Faire tremper la feuille de gélatine 10 minutes dans de l'eau froide pour la ramollir.

6- Remettre la préparation à chauffer à feu doux, ajouter la feuille de gélatine essorée et remuer sans cesse jusqu'à ce que la crème épaississe un peu et nappe la cuillère.

7- Ajouter le chocolat, hors du feu, tout en fouettant.

8- Verser dans 4 pots et laisser prendre au réfrigérateur toute la nuit.

MUFFINS AU CŒUR TENDRE MILKA®

15 MIN DE PRÉPARATION – 20 MIN DE CUISSON

POUR 6 MUFFINS

50 g de chocolat au lait MILKA®

150 g de farine T55

1 cuillerée à soupe d'huile de tournesol

1 cuillerée à soupe de sucre

½ sachet de levure chimique

1 pincée de sel

1 œuf

10 cl de crème fleurette

1 cuillerée à soupe de cacao en poudre

quelques bonbons Daim®

1- Préchauffer le four à 200 °C.

2- Hacher le chocolat au lait MILKA® au couteau de manière à obtenir des pépites.

3- Mélanger la farine tamisée, le sucre, la levure, le sel, le cacao en poudre et les pépites de chocolat.

4- Mélanger l'œuf, la crème et l'huile. Incorporer ce mélange aux ingrédients secs, sans le travailler.

5- Verser la pâte dans des moules à muffins, en plaçant au milieu de chaque gâteau un bonbon Daim® coupé en deux. Enfourner et laisser cuire 20 minutes environ. Déguster ces muffins lorsqu'ils sont encore tièdes.

CAKE TENDRESSE MILKA®

25 MIN DE PRÉPARATION – 30 MIN DE CUISSON

POUR 1 CAKE

POUR L'APPAREIL

3 œufs

75 g de sucre glace

75 g de beurre

100 g de chocolat au lait MILKA®

180 g de farine

½ paquet de levure chimique

POUR LE GLAÇAGE

250 g de fromage frais

1 cuillerée à soupe de lait

50 g de sucre glace

quelques gouttes d'arôme naturel de vanille

quelques gouttes de colorant mauve

1 - Sortir le beurre et les œufs du réfrigérateur 1 heure avant de commencer la préparation.

2 - Préchauffer le four à 240 °C.

3 - Couper le beurre en morceaux, le travailler avec une spatule pour l'assouplir. Ajouter le sucre et les œufs, puis continuer à travailler le mélange jusqu'à ce qu'il soit bien homogène.

4 - Faire fondre le chocolat au lait MILKA® au bain-marie. L'ajouter au mélange précédent. Ajouter la farine et la levure. Mélanger.

5 - Verser dans un moule à cake, beurré et fariné. Réserver 30 minutes au réfrigérateur.

6 - Enfourner, et, au bout de 5 minutes, baisser la température du four à 180 °C. Laisser cuire 30 minutes. Démouler et laisser refroidir.

7 - Pendant la cuisson, mélanger le fromage frais, le lait, le sucre glace et l'arôme de vanille. Ajouter le colorant, goutte par goutte, jusqu'à obtenir la bonne teinte.

8 - Recouvrir le cake du glaçage et déguster sans attendre.

YAOURTS MILKA®

10 MIN DE PRÉPARATION – 5 MIN DE CUISSON – 14 H DE REPOS

**POUR 6
YAOURTS**

1 l de lait entier

1 yaourt nature
au lait entier

200 g de
chocolat au lait
MILKA®

1-Faire chauffer le lait puis ajouter le chocolat morceau par morceau,
en fouettant, de manière à obtenir un mélange parfaitement homogène.
Laisser refroidir.

2-Ajouter le yaourt et bien mélanger.

3-Placer le mélange dans une yaourtière pour 10 à 12 heures.

4-Sortir les yaourts, les fermer hermétiquement, puis réserver
au réfrigérateur pendant 4 heures avant de déguster.

TABLETTE DE MILKA®, VIOLETTES & GUIMAUVE

15 MIN DE PRÉPARATION – 12 H DE REPOS

POUR 2 TABLETTES

200 g de chocolat au lait MILKA®

quelques morceaux de guimauve blanche

quelques bonbons à la violette

1- Faire fondre le chocolat au lait MILKA® au bain-marie.
2- Concasser les bonbons à la violette. Couper la guimauve en petits cubes.
3- Mélanger les bonbons, la guimauve et le chocolat.
4- Verser dans 2 moules à tablettes de chocolat et laisser refroidir une nuit au réfrigérateur avant de démouler.

CARRÉS MILKA® DÉGUISÉS

15 MIN DE PRÉPARATION – 1 H DE REPOS

POUR 4 PERSONNES

1 tablette de chocolat
au lait MILKA®

fruits secs (noix,
amandes, noisettes…)

fruits séchés (cranberries,
baies de goji, abricots,
bananes…)

fruits frais
(framboises, raisins…)

fruits confits

ganache MILKA® (voir
recette p. 4)

1- Découper la tablette de chocolat au lait MILKA® en carrés.
2- Déposer un peu de ganache sur chaque carré de chocolat.
Déposer ensuite les fruits. Réserver 1 heure minimum
au réfrigérateur. Servir au moment du café.

SABLÉS MILKA®

20 MIN DE PRÉPARATION – 5 MIN DE CUISSON – 2 H DE REPOS

POUR 15 SABLÉS

150 g de chocolat au lait MILKA®

170 g de farine

20 g de sucre

100 g de beurre

1 cuillerée à café de levure chimique

1 pincée de sel

1 cuillerée à soupe de cacao

1- Hacher finement le chocolat au couteau.

2- Mélanger le beurre ramolli, le sucre et le sel à la spatule jusqu'à obtenir un mélange homogène. Ajouter la farine, la levure et le cacao. Incorporer le chocolat haché et bien mélanger.

3- Emballer la pâte dans du film alimentaire et laisser reposer 2 heures au réfrigérateur.

4- Préchauffer le four à 200 °C.

5- Sortir la pâte, l'aplatir doucement avec la paume de la main sur un plan fariné. La pâte est très friable. Lorsqu'elle atteint une épaisseur de 1 à 2 cm, l'affiner au rouleau à pâtisserie.

6- Découper des formes à l'emporte-pièce et les placer sur la plaque du four recouverte de papier sulfurisé. Enfourner et laisser cuire pendant 5 minutes.

BARRES DE CÉRÉALES MILKA®

5 MIN DE PRÉPARATION – 20 MIN DE CUISSON – 3 H DE REPOS

POUR 8 BARRES

120 g de flocons d'avoine

40 g d'amandes entières concassées

40 g de cerneaux de noix concassés

60 g de cranberries séchées et hachées

4 cuillerées à soupe de graines de tournesol

1 pincée de sel

½ cuillerée à café de poudre Grande Caravane des épices Roellinger® (remplacer éventuellement par un mélange de cannelle et de muscade)

10 cl de miel de bruyère (miel corsé)

2 cuillerées à soupe d'huile de tournesol

1 œuf

150 g de chocolat au lait MILKA®

1- Préchauffer le four à 175 °C.

2- Mélanger tous les ingrédients, sauf le chocolat. Utiliser vos mains pour bien répartir tous les éléments et obtenir un mélange bien hydraté.

3- Placer la préparation dans des emporte-pièces huilés, eux-mêmes déposés sur la plaque du four garnie de papier sulfurisé. Bien tasser le mélange. Enfourner et laisser cuire 15 à 20 minutes.

4- Laisser tiédir puis démouler. Laisser refroidir.

5- Faire fondre le chocolat au lait MILKA® au bain-marie.

6- Appliquer à l'aide d'un pinceau, le chocolat fondu sur les barres de céréales.

7- Laisser prendre 2 à 3 heures à température ambiante.

CUPCAKES BANANE-MILKA®

20 MIN DE PRÉPARATION – 20 MIN DE CUISSON

POUR 6 CUPCAKES

POUR L'APPAREIL

150 g de farine

30 g de sucre

1 œuf

½ sachet de levure chimique

10 cl de lait

40 g de beurre doux

1 pincée de sel

1 petite banane

50 g de chocolat au lait MILKA®

POUR LE GLAÇAGE

2 blancs d'œufs

300 g de sucre glace

sucre coloré

quelques violettes en sucre

1- Préchauffer le four à 200 °C.
2- Mélanger la farine, le sucre, le sel et la levure.
3- Faire fondre le beurre, le mélanger avec le lait et l'œuf. Ajouter les ingrédients secs.
4- Couper la banane et le chocolat en petits morceaux de la taille de pépites. Les ajouter à la pâte.
5- Verser dans des moules à muffins, préalablement beurrés et farinés. Enfourner et laisser cuire 15 à 20 minutes.
6- Battre les blancs en neige et ajouter le sucre. Battre encore 1 minute pour obtenir un glaçage bien brillant.
7- Recouvrir les cupcakes refroidis de glaçage et décorer avec le sucre mauve et les violettes.

PANCAKES, NAPPAGE MILKA®

5 MIN DE PRÉPARATION – 5 MIN DE CUISSON

POUR 4 PERSONNES

4 à 8 pancakes
25 cl de lait entier
100 g de chocolat
au lait MILKA®

1- Dans une casserole, faire chauffer le lait à feu doux. Ajouter le chocolat, morceau par morceau, en fouettant régulièrement. Lorsque la sauce a atteint la consistance souhaitée, arrêter la cuisson.
2- Verser directement sur les pancakes tièdes puis servir sans attendre.

COOKIES MILKA®

20 MIN DE PRÉPARATION
12 MIN DE CUISSON

POUR 10 COOKIES

100 g de chocolat au lait
MILKA®
200 g de farine T55
80 g de sucre
120 g de beurre
1 œuf
1 cuillerée à café
de levure chimique
1 cuillerée à soupe
de cacao en poudre
1 pincée de sel
quelques pastilles
mauves au chocolat

1- Préchauffer
le four à 150 °C.
2- Faire ramollir le beurre à température
ambiante et le mélanger avec l'œuf.
3- Hacher le chocolat au lait MILKA® en pépites.
4- Mélanger tous les ingrédients secs et les incorporer au mélange beurre-œuf
en plusieurs fois. Ajouter le chocolat et les pastilles mauves au chocolat.
5- Disposer des petites boules de pâte de la taille d'une noix. Les placer sur la plaque
du four garnie de papier sulfurisé.
6- Enfourner et laisser cuire 10 à 12 minutes.

BRIOCHES TENDRES SURPRISES MILKA®

20 MIN DE PRÉPARATION – 2 H DE REPOS

POUR 4 PERSONNES

125 g de chocolat au lait
MILKA®

3 blancs d'œufs

2 jaunes d'œufs

4 brioches à têtes

1 - Faire fondre le chocolat au lait MILKA® au bain-marie.
Ajouter les jaunes d'œufs et mélanger.
2 - Monter les blancs d'œufs en neige et les incorporer
délicatement au mélange précédent. Réserver au réfrigérateur
2 heures pour obtenir une mousse plus ferme.
3 - Couper la tête de chaque brioche et creuser un peu
l'intérieur. Remplir de mousse au chocolat au lait MILKA® puis
replacer les têtes.

MERINGUES LAQUÉES AU MILKA®

20 MIN DE PRÉPARATION – 1 H DE CUISSON – 2 H DE REPOS

POUR 30 MERINGUES

POUR LES MERINGUES

5 blancs d'œufs

1 pincée de sel

130 g de sucre semoule

130 g de sucre glace

quelques gouttes
de colorant mauve

POUR LE GLAÇAGE

20 cl de lait

150 g de chocolat au lait
MILKA®

1- Préchauffer le four à 150 °C.

2- Battre les blancs d'œufs en neige ferme. Ajouter les sucres et continuer de battre 1 minute.

3- Dans un bol, déposer la moitié du mélange et y ajouter quelques gouttes de colorant puis mélanger.

4- Former les meringues blanches et mauves à l'aide d'une poche à douille ou d'une cuillère, et les disposer sur la plaque du four garnie de papier sulfurisé.

5- Enfourner et laisser cuire 1 heure. Prolonger la cuisson d'un quart d'heure si nécessaire, il faut que les meringues se décollent facilement.

6- Pendant ce temps, dans une casserole, faire chauffer le lait à feu doux et y ajouter le chocolat coupé, morceau par morceau.

7- Tremper les meringues dans le chocolat fondu et les laisser sécher sur du papier sulfurisé.

SANDWICHS FINANCIERS & GANACHE MILKA®

20 MIN DE PRÉPARATION – 8 MIN DE CUISSON – 12 H DE REPOS

**POUR
10 SANDWICHS**

100 g de beurre doux

6 blancs d'œufs

70 g de farine

70 g de poudre
d'amandes

180 g de sucre glace

1 cuillerée à café
de levure chimique

300 g de ganache
MILKA® (voir recette p. 4)

1 pincée de sel

1- La veille, faire fondre le beurre jusqu'à légère coloration :
il doit sentir le grillé et devenir "noisette". Retirer du feu
et laisser tiédir.

2- Mélanger la farine, le sucre, le sel, la levure et la poudre
d'amandes. Ajouter petit à petit les blancs d'œufs avec
une spatule. Ajouter le beurre noisette, mélanger et réserver
au réfrigérateur pour la nuit.

3- Le jour même, préchauffer le four à 210 °C.

4- Verser la pâte dans des moules à financiers beurrés et
farinés. Enfourner et laisser cuire 7 à 8 minutes. Les démouler
lorsqu'ils ont tiédi.

5- Lorsqu'ils sont bien froids, étaler la ganache sur chaque
financier et les coller deux par deux. Attention si les financiers
sont encore un peu chauds, la ganache va fondre.

POIRE BELLE MILKA®

35 MIN DE PRÉPARATION – 20 MIN DE CUISSON – 4 H DE REPOS

POUR 4 PERSONNES

4 poires

1 kg de sucre

150 g de chocolat au lait MILKA®

25 cl de lait

30 cl de crème fleurette

½ l de glace à la vanille

1- Éplucher les poires.

2- Dans une casserole, mélanger le sucre avec 1 l d'eau et faire chauffer doucement à feu doux. Le mélange ne doit pas bouillir.

3- Plonger les poires dans le sirop et laisser chauffer 15 minutes. Mettre hors du feu et laisser les poires dans le sirop pendant 4 heures.

4- Dans une casserole, faire chauffer le lait et quand il est bien chaud, ajouter le chocolat coupé, morceau par morceau, tout en fouettant.

5- Monter la crème fleurette en chantilly.

6- Servir les poires dans des assiettes creuses, accompagnées de glace et de chantilly. Recouvrir de sauce MILKA®.

CHOCO TARTELETTES MILKA®

25 MIN DE PRÉPARATION – 15 MIN DE CUISSON – 14 H DE REPOS

POUR 4 TARTELETTES

145 g de farine

85 g de beurre

10 g de cacao en poudre

50 g de sucre

1 petit œuf

1 pincée de sel

300 g de ganache
MILKA® (voir recette p. 4)

2 pincées de piment
d'Espelette (facultatif)

1- Laisser ramollir le beurre à température ambiante puis le travailler avec le sucre jusqu'à obtenir une masse souple et homogène.

2- Ajouter l'œuf puis la farine, le sel et le cacao en travaillant la pâte le moins possible.

3- Rouler la pâte en boule et l'emballer dans du film alimentaire. Réserver au réfrigérateur 2 heures minimum, toute la nuit idéalement.

4- Le lendemain, préchauffer le four à 180 °C. Etaler la pâte et foncer délicatement 4 moules à tartelettes. Piquer les fonds.

5- Enfourner et laisser cuire 15 minutes. Laisser tiédir.

6- Préparer la ganache et ajouter le piment d'Espelette.

7- Verser la ganache dans le fond des tartelettes puis réserver au réfrigérateur 2 heures minimum avant de servir.

CHEESE-CAKES BICOLORES MILKA®

40 MIN DE PRÉPARATION – 30 MIN DE CUISSON – 1 À 4 H DE REPOS

POUR
4 CHEESE-CAKES

POUR LES CHEESE-CAKES

200 g de biscuits
au chocolat

80 g de beurre demi-sel

250 g de fromage frais

30 g de sucre

20 g de farine

20 cl de crème fraîche
épaisse

3 œufs

quelques gouttes
d'extrait de vanille

POUR LE GLAÇAGE

10 cl de crème fleurette
entière

25 g de beurre

150 g de chocolat au lait
MILKA®

1- Préchauffer le four à 180 °C.
2- Dans une casserole, faire fondre le beurre à feu doux.
3- Réduire les biscuits en miettes et les arroser de beurre fondu.
4- Disposer ce mélange au fond de 4 moules individuels à charnière et bien tasser. Enfourner et laisser cuire 5 minutes.
5- Mélanger le fromage frais, le sucre, la farine, la crème fraîche, les œufs et l'extrait de vanille. Verser sur les fonds refroidis et enfourner à 130 °C. Laisser cuire 25 minutes.
6- Hacher le chocolat au lait MILKA®.
7- Pour le glaçage, faire chauffer le beurre et la crème fleurette. Verser le mélange sur le chocolat puis mélanger.
8- Verser le glaçage sur les cheese-cakes et réserver au frais. Pour un effet "dégoulinant", sortir les cheese-cakes au bout de 1 heure. Pour un effet bien glacé, attendre 4 heures minimum.

VERRINES PISTACHES-MILKA®

15 MIN DE PRÉPARATION – 5 MIN DE CUISSON

POUR 4 PERSONNES

250 g de faisselle entière

pistaches

4 cuillerées à soupe
de miel liquide

30 cl de crème fleurette

50 g de chocolat au lait
MILKA®

1- Placer la faisselle au fond de chaque verrine et recouvrir
de pistaches entières. Verser le miel sur les pistaches.
2- Faire fondre le chocolat MILKA® au bain-marie.
3- Monter la crème fleurette en chantilly et y ajouter le chocolat
fondu. Mélanger délicatement. La crème retombe un peu mais
reste homogène. Verser sur les verrines et réserver au frais
1 heure avant de servir.

CHARLOTTE TENDRESSE MILKA®

25 MIN DE PRÉPARATION – 12 H DE REPOS

**POUR 6 À
8 PERSONNES**

2 boîtes de biscuits
à la cuillère

250 g de chocolat au lait
MILKA®

6 blancs d'œufs

4 jaunes d'œufs

150 g de beurre

sucre coloré

1- Faire ramollir le beurre à température ambiante.

2- Beurrer un moule à charlotte et tapisser les bords
de biscuits à la cuillère.

3- Faire fondre le chocolat au lait MILKA® au bain-marie.
Ajouter le beurre ramolli en pommade puis les jaunes
d'œufs. Bien mélanger.

4- Battre les blancs en neige et les ajouter au mélange
précédent.

5- Verser la préparation dans le moule et laisser prendre
une nuit au réfrigérateur.

6- Avant de démouler, tailler les biscuits qui dépassent
pour donner une assise bien régulière à la charlotte.

MONT-BLANC EXPRESS MILKA®

15 MIN DE PRÉPARATION – 5 MIN DE CUISSON

POUR 4 PERSONNES

500 g de crème
de marrons

4 petites meringues

25 cl de crème fleurette

1 tablette de chocolat
au lait MILKA®

20 cl de lait

1- Monter la crème fleurette en chantilly.
2- Dans une casserole, faire bouillir le lait et ajouter
les carreaux de chocolat au lait MILKA®, un par un.
3- Dans 4 petits bols, émietter les meringues. Recouvrir
de crème de marrons. Terminer par un nuage de chantilly.
Verser lentement la sauce au chocolat sur le mont-blanc
et servir immédiatement.

RIZ AU LAIT, SAUCE MILKA®

30 MIN DE PRÉPARATION – 20 MIN DE CUISSON

POUR 4 PERSONNES

POUR LE RIZ AU LAIT

100 g de riz rond

40 g de sucre

40 cl de lait

1 pincée de sel

2 jaunes d'œufs

1 cuillerée à soupe
de crème fraîche

10 g de beurre

1 gousse de vanille

POUR LA SAUCE

100 g de chocolat au lait
MILKA®

20 cl de lait entier

1- Rincer le riz et le plonger 5 minutes dans de l'eau bouillante pour faire éclater les grains.

2- Fendre la gousse de vanille en deux dans la longueur.

3- Dans une casserole, faire bouillir le lait avec la gousse de vanille grattée.

4- Verser 10 cl du lait bouillant dans une autre casserole et y verser le riz en pluie. Ajouter 1 noix de beurre. Mélanger doucement jusqu'à absorption du liquide et verser le reste du lait en 3 fois, en attendant à chaque fois que le riz ait absorbé le liquide.

5- Au dernier moment, ajouter les jaunes d'œufs légèrement battus avec la crème fraîche.

6- Faire bouillir le lait et ajouter le chocolat au lait MILKA®, carreau par carreau, tout en fouettant. Servir le riz au lait nappé de sauce MILKA®.

Milka
Milka
Milka
Milka
Milka
Milka
Milka
Milka
Milka
Milka
Milka
Milka